BEI GRIN MACHT SICH IHR WISSEN BEZAHLT

- Wir veröffentlichen Ihre Hausarbeit, Bachelor- und Masterarbeit

- Ihr eigenes eBook und Buch - weltweit in allen wichtigen Shops

- Verdienen Sie an jedem Verkauf

Jetzt bei www.GRIN.com hochladen und kostenlos publizieren

Konzepte des Bewusstseins von Philipp Engel zwischen Psychologie und Metaphysik

Klaus Robra

Bibliografische Information der Deutschen Nationalbibliothek:

Die Deutsche Nationalbibliothek verzeichnet diese Publikation in der Deutschen Nationalbibliografie; detaillierte bibliografische Daten sind im Internet über http://dnb.d-nb.de abrufbar.

ISBN: 9783389005798
Dieses Buch ist auch als E-Book erhältlich.

© GRIN Publishing GmbH
Trappentreustraße 1
80339 München

Alle Rechte vorbehalten

Druck und Bindung: Books on Demand GmbH, Norderstedt Germany
Gedruckt auf säurefreiem Papier aus verantwortungsvollen Quellen

Das vorliegende Werk wurde sorgfältig erarbeitet. Dennoch übernehmen Autoren und Verlag für die Richtigkeit von Angaben, Hinweisen, Links und Ratschlägen sowie eventuelle Druckfehler keine Haftung.

Das Buch bei GRIN: https://www.grin.com/document/1457251

Klaus Robra

Rezension zu: Philipp Engel: *Bewusstsein. Geschichte eines Begriffes zwischen* *Psychologie und Metaphysik,* **Wien / Berlin 2023**

Engels 400 Seiten umfassendes Werk besteht im Wesentlichen aus Referaten von Konzepten der folgenden sieben Autoren: *Kant* auf ca. 3 Seiten, *Emil Du Bois-Reymond* auf 4 Seiten, *Wilhelm Wundt* auf ca. 66 Seiten, *William James* auf ca. 80 Seiten, *Franz Brentano* auf ca. 6 Seiten, *Edmund Husserl* auf ca. 35 Seiten und *Henri Bergson* auf ca. 160 Seiten; gefolgt von einem 11 Seiten langen „Schluss. Die zwei >Enden< einer Wissenschaft des Bewusstseins".

Ausgangspunkte der Abhandlung sind a) die Tatsache, dass Neuro- und Kognitionswissen-schaftler*innen bisher nicht in der Lage sind, die angebliche Entstehung des Bewusstseins in Gehirnvorgängen rein naturwissenschaftlich zu erklären, b) Bergsons Kritik an Kant, wonach dessen Kritizismus für den angeblichen Niedergang der Philosophie im 19. Jahrhundert verantwortlich sei.

Zu Kant (1724-1804)

Philipp Engel betont, dass es ihm nicht darum gehe, der philosophiegeschichtlichen Bedeutung Kants gerecht zu werden, sondern um „eine bestimmte Rezeption seiner Philosophie, die gegen Ende des 19. Jahrhunderts auf eine neue Metaphysik und Transzendentalphilosophie hinausläuft" (a.a.O. S. 194, Fußnote). Im Anschluss u.a. an *Heinrich von Kleist* habe sich im frühen 19. Jahrhundert allgemein die Meinung verbreitet, durch Kant habe man den Kontakt sowohl zur Wahrheit als auch zur Welt und zum Leben weitgehend verloren. Engel zeigt auf, dass Technik-Bewunderung, Positivismus, Pragmatismus und Konventionalismus maßgeblich dazu beigetragen hätten, dass Metaphysik und philosophische Spekulation mehr und mehr als überholt („obsolet") galten, zumal „die technischen Wissenschaften sowohl psychische als auch biologische und physikalische Prozesse vorher-sagen und manipulieren konnten, ohne ihre Erkenntnisse dabei zuvor eingehend geprüft und begründet haben zu müssen" (a.a.O. S. 196).

Zu Emil Du Bois-Reymond (1818-96)

Ausgerechnet diesem eher materialistisch orientierten Naturwissenschaftler blieb es – in einem Vortrag des Jahres 1872 – vorbehalten, das Bewusstsein für „unbegreiflich" zu erklären. Dies gelte sogar dann, wenn es je gelingen sollte, eine „umfassende mathematische Weltformel" zu erarbeiten. Mechanische Naturerkenntnis werde niemals in der Lage sein, den Geist aus Materiellem zu erklären. (Vgl. a.a.O. S. 49-51.)

Zu Wilhelm Wundt (1832-1920),

einem der Begründer der im 19. Jahrhundert neu entstandenen wissenschaftlichen Psychologie, der aber nichtsdestoweniger wie Du Bois-Reymond die Auffassung vertritt, dass eine naturwissenschaftliche Reduktion des Bewusstseins unmöglich sei. Demgemäß strebt Wundt eine *eigenständige Wissenschaft des Geistes* an, verwirft dazu den psychophysischen Parallelismus (bzw. den Leib-Seele-Dualismus), will die Psychologie fest auf die *unmittelbare Erfahrung* gründen und sucht nach genuin psychologischen Kausalitäten, wenn auch mit Akzentuierung der „Einheit des Erlebnisses", die durchaus mit Ergänzungen durch historisch-komparatistische Kultur- und Sozialpsychologie Hand in Hand gehen könne. – Bewusstseins-zustände könne man „zerlegen" und beschreiben, aber nicht durch bloße Selbstbeobachtung (Introspektion), sondern vor allem durch geeignete psychologische *Experimente*. Das *Unbewusste* (die „unbewusste Seele") liege zwar jeglichem Bewusstsein zu Grunde (S. 73), könne aber nicht Gegenstand der neuen experimentellen Psychologie sein (S. 83). Letztlich sei das Unbewusste eine „metaphysische Hypothese"; dies erst recht, wenn von einer „unbewussten Gehirntätigkeit" die Rede sei (ebd.).

Stattdessen unterscheidet Wundt zwischen aktiven und passiven „Syntheseleistungen" des Bewusstseins. (S. 126), wobei er den Begriff Bewusstsein immer stärker mit dem des Geistes identifiziert (ebd.). Im Übrigen bemerkt Engel, Wundt habe vergleichsweise wenig über das Bewusstsein als solches ausgesagt, *dagegen viel mehr über Themen wie Empfindung oder Vorstellung. Engels Kommentar hierzu:*

> *„Für eine Psychologie, die ihre Aufgabe in einer Analyse der >Bewusstseinstat-sachen< sieht, steht die Frage nach dem Bewusstsein eigentümlich am Rande. Über seine >Tatsachen< scheint sie weit mehr zu sagen zu haben als über das Bewusstsein selbst." (S. 124)*

Zu William James (1842-1910),

einem der Begründer des US-amerikanischen Pragmatismus. Ihn interessiert weniger das Wesen als vielmehr das *Tun* des Bewusstseins; was die Selbstbeobachtung, d.h. die Betrachtung der eigenen Bewusstseins-Zustände keineswegs ausschließt, wobei sich jedoch das Fehlen eines speziellen Vokabulars der Inspektion als hinderlich erweist. Folglich untersucht James intensiv die sprachlichen Bedingtheiten des Psychischen (S. 92). – Die Analyse bewegt sich vom

Erleben zum Berichten, vor allem auf Grund fundamentaler Daten, unter ständiger kritischer Reflexion der Introspektion. James' Ziel ist nicht weniger als die Entwicklung einer „neuen Psychologie" (S. 132 ff.), aber nicht als Selbstzweck, sondern – in pragmatischer Absicht – zur Gewinnung eines Wissens, „das sich zur moralischen Bildung und Selbstverwirklichung der Individuen" verwenden ließ (S. 135). Was nur möglich sei, wenn man das Bewusstsein nicht isoliert, sondern in seiner *Interaktion mit der Umwelt* betrachtet, was natürlich die Interaktion zwischen Körper und Geist mit einschließt. James' „nicht-reduktive evolutionsbiologische Theorie des Bewusstseins" (S. 151) beschränkt sich also nicht auf das Nervensystem, sondern berücksichtigt dessen vielfältige Verbindungen mit de gesamten Bewusstseins-Tätigkeit, die „aus der Gesamtheit der Stimuli allein die für seine Interessen relevanten Aspekte heraussucht" (ebd.). Erneut geht es also um Pragmatismus, Zweckmäßigkeit als Orientierung. Dabei unterläuft James den Dualismus von Subjekt und Objekt und verbindet das Geistige mit dem Körperlichen, ohne dieses mit jenem gleichzu-setzen (S. 185). Das Bewusstsein agiert, indem es sich und seine Objekte mental verändert, wobei immer wieder Neues, aber kein Bruch entsteht, denn:

> „Sämtliche kognitiven Fähigkeiten, wie Empfinden und Erkennen, Erinnern und Imaginieren, Bewerten und Entscheiden, erfolgen in kontinuierlichen Übergängen (*continuous transitions*) als Transformationen eines gegebenen Erfahrungsstoffes." (S. 187)

Zu Franz Brentano (1838-1917),

der sich ebenfalls als Kant-Kritiker versteht. Was Kant als „Ding an sich" bezeichnet, ist für Brentano zumindest teilweise unmittelbar erkennbar, und zwar zunächst durch die „innere Wahrnehmung" mit durchaus *empirischer* Orientierung (S. 201). Durch empirische Psychologie könne man auch die „essentiellen Strukturen" des Bewusstseins herausfinden (S. 203). Experimente, wie Wundt sie fordert, schließt Brentano nicht aus, vertraut aber vor allem auf die „intuitiv ermittelten >Wesensstrukturen< des Bewusstseins" (S. 205). Dies alles nicht ohne weit ausgreifende Zielsetzungen. Brentano ist überzeugt, dass man, sobald man die wesentlichen Eigenschaften des Innerpsychischen erkennt, daraus eine „allgemeine Wissenschaft" entwickeln könne, und zwar mit dem Ziel, „Grundlage der Gesellschaft und ihrer edelsten Güter, und somit auch Grundlage aller Bestrebungen der Forscher zu werden" (S. 204). Was Brentano allerdings für ein *Fern-ziel* hielt. Zunächst komme es darauf an, eine neue empirische Psychologie zu fundieren (ebd.), was er schon in einem seiner frühen Hauptwerke: *Psychologie vom empirischen Standpunkte* (1874) darlegte, während er noch 1895, anknüpfend an Empirismus und Positivismus, erklärte, die *naturwissenschaftliche* Methode sei „auch für die Philosophie die einzig wahre" (S. 199, Fußnote 16).

Zu Edmund Husserl (1859-1938),

der an Brentanos Empirismus anknüpft, aber philosophisch weit über ihn hinaus geht. Kant steht er ebenfalls kritisch gegenüber, teilt nicht dessen Auffassung, dass das Subjekt die Phänomene formal konstituiere, sondern fordert eine Hinwendung „zu den Sachen selbst", d.h. zu einem *Empirismus der Subjektivität* „und damit zu einem Transzendentalen, das sich aus der Situiertheit des Bewusstseins in körperlich-materiellen Zusammenhängen ergab" (S. 210). Erst unter dieser Voraussetzung könne jedes Objekt wieder *als Objekt* erkannt und bestimmt werden. Grundbegriffe hierfür sind: Intuition, Epoché und „Wesenserschauung".

Intuition: Sie ist notwendige, aber nicht hinreichende Bedingung jeglicher Erkenntnis. Die Introspektion bedarf der Ergänzung durch eine *spezielle Phänomenologie*, die des „inneren Zeitbewusstseins" (S. 214).

Epoché = Enthaltung, Hemmung, Zurückhaltung, Ausblendung. Sie setzt sich von der in der Wahrnehmung enthaltenen *natürlichen* Einstellung ab. Ausschlaggebend seien nicht die puren Tatsachen, sondern deren Wesenserforschungen bzw. „*Wesenserschauungen*", durch die auch das Bewusstsein endlich besser verstehbar werde. In der Epoché sollen bisher fraglos übernommene Überzeugungen hinterfragt, genauer: „eingeklammert" werden, wobei plötzlich wieder die oft vernachlässigte *vor- und außerwissenschaftliche Lebenswelt* in den Vordergrund des Interesses rückt (S. 236). Husserl will die Dinge, „die Sachen selbst", wieder „in ihrer anschaulichen Gegebenheit" in den Blick nehmen (ebd.). Hierzu verhelfe nicht die objektive Wissenschaft, sondern die „reine Wesenslehre von der Lebenswelt" (S. 227). Hierzu müsse das Bewusstsein eine „reflexive Wandlung" durchlaufen und dabei nicht bloß natur-wissenschaftlichen Objektivismus entwickeln, sondern stets auch die Subjektivität ein-beziehen. Die Welt ist vorhanden, vorgegeben, und das Subjekt kann sie als solche erfahren, und zwar innerhalb der je eigenen Lebenswelt. Dies sei eine „transzendentale Erfahrung". Denn das Bewusstsein sei kein bloß „psychophysisches Geschehen" (S. 231); erst durch das Bewusstsein erhalte das Gehirn seine „verschiedenen, variierenden Geltungen", nicht umge-kehrt (ebd.). Zu erschließen sei eine neue „Tiefendimension" der Lebenswelt, und zwar in einem universalen „Korrelationsapriori", durch das Welt und Welt-*Bewusstsein* in immer neuen wechselseitigen Beziehungen erscheinen. Woraus sich auch eine neue „Wissenschaft des Bewusstseins" ergebe (S. 234), durch die das (Kantisch-)Transzendentale in „anschau-liche

Begriffe" übersetzt werde (S. 235). In Kurzform: „Das Faktum ist hier als das seines Wesens und nur *durch* sein Wesen bestimmbar." (Husserl, in: Engel a.a.O. S. 236)

Zu Henri Bergson (1852-1941)

Auch für ihn steht die *reale Erfahrung* im Mittelpunkt. Sich ihr zu nähern, sei jedoch unmöglich, solange man das Bewusstsein nicht als „innere Dauer" verstehe, wie Bergson in seinem *Essai sur les données immédiates de la conscience* von 1889 darlegt. Qualitäten des Bewusstseins will der Autor u.a. an Hand der Begriffe „intensité" und „durée" ermitteln. Er fragt, warum man überhaupt zwischen verschiedenen Graden von Intensität unterscheidet. Was in Sackgassen führe, solange man Intensität als bloß quantitatives Phänomen auffasse. Zudem sei es unzulässig, die Qualität eines Bewusstseinszustandes mit der Quantität eines räumlichen Objektes zu vermischen. Zu beachten seien Übergänge wie von „dunkler Begierde" zu wirklicher Leidenschaft, wobei diese Leidenschaft nach und nach immer mehr psychische Faktoren auf sich ziehe.

Grundsätzlich dürfe man – auch in Bezug auf die Intensität – die Bewusstseinszustände als solche nicht mit ihren psychischen Begleitumständen verwechseln. Dies gelte vor allem für Empfindungen z.B. von Lust und Schmerz, die man nicht auf rein Körperliches reduzieren dürfe. Vielmehr müsse man den Gefühlen und Empfindungen völlig vorurteilsfrei begegnen. Zu unterscheiden sei zwischen sinnlichen Empfindungen und „tiefen Gefühlen" (S. 282). Dann werde in der Intensität eine „intensive Multiplizität" erkennbar.

Die „unmittelbaren Gegebenheiten des Bewusstseins" durchdringen sich gegenseitig und erzeugen dadurch vielfältige psychische Qualitäten. Folglich könne Psychisches nie rein physiologisch analysiert werden, sondern nur prozessual und in der „durée", der zeitlichen Dauer. „Das Bewusstsein dauert. Es strömt gleich einer Melodie oder einem Rhythmus." (S. 293) Darin sieht Engel zugleich die Quintessenz von Bergsons gesamter Philosophie. Dabei trete „diskontinuierliche Mannigfaltigkeit" (ebd.) auf, was nicht nur zeitlich, sondern auch räumlich zu betrachten sei, auch wenn damit die Vorrangigkeit der Frage nach dem *Wesen der Zeit* nicht geleugnet werde (S. 295).

Kant habe die Zeit vom Raum her gedacht, was aber nicht ausreiche. Für Bergson ist der Raum „das Andere der Dauer" (S. 296), aber nicht wie bei Kant als apriorische Form, sondern als ein „Prinzip der Differenzierung" (S. 298), durch das Relationen zwischen Objekten der Außenwelt ermittelt und gemessen werden können. Auch die Wahrnehmung erhalte ihre Räumlichkeit durch einen „reaktiven psychischen Akt" (S. 300).

Überdies bestimmt Bergson die Zeit als „Form *aller* Anschauung" (S. 301). Kant hingegen habe die Zeit verräumlicht. Das Bewusstsein erfasse jedoch die Zeit anders, nämlich je nach der eigenen Befindlichkeit. Über die natürlichen Gegebenheiten hinaus müsse die Aufeinanderfolge der Empfindungen als „eine Kontinuität von qualitativen Veränderungen" aufgefasst werden (S. 304), oder auch als „Sukzession der Äußerlichkeit"; Dauer als *„sich selbst bewahrende Kontinuität"* (S. 305). Darüber hinaus:

> „Das Bewusstsein umfasse eine virtuelle Mannigfaltigkeit von Zuständen (Gefühle, Ideen, Wünsche etc.), die in ihren unterschiedlichen qualitativen Nuancen ebenso viele Motive für ein Handeln bilden. Zugleich sei das Bewusstsein aber eine Aktivität und als solche eine Einheit. Im Vorgang der Entscheidung beschränke es sich nicht länger auf eine scheinbar von sich selbst vollziehende Organisation seiner Zustände, sondern kontrahiere sie in einem *effort de tension* bis zu einem Grad der Anspannung, durch den sich ihre virtuelle Mannigfaltigkeit in der >dynamischen Einheit< eines Aktes realisiere." (S. 310 f.)

Erkennbar werde darin ein „moi réel et libre" mit all seinen Dimensionen von „Kreativität und Kontingenz" (S. 311). Dies bedeute *Virtualität* im Sinne von Freiheit des Bewusstseins, einer in der „durée vivante" sich ständig neu schaffenden Wesenheit mit offener Zukunft (S. 312).

Wie aber lassen sich Freiheit des Bewusstseins und physische Determiniertheit miteinander vereinbaren? Um diese Frage zu beantworten, stellt Bergson dem Determinismus der Natur eine *Theorie des Geistes* gegenüber. Dazu müsse sich das Denken – ähnlich wie bei Husserl – von allen metaphysischen Vor-Urteilen emanzipieren. Das eigene Körper-Bild werde dann besonders relevant und interessant. Vom eigenen Körper aus erschließe sich quasi auto-matisch das Erkennen der äußeren Realität (S. 355). Dies beginne in der Wahrnehmung („per-ception'), der auch das Kantische Apriori nicht übergeordnet werden dürfe. Vielmehr müsse das Bewusstsein als *in der Welt situiert* aufgefasst werden, so auch das Gehirn als Teil des Körpers. Wichtig sei dann nicht mehr die Frage nach der Entstehung des Psychischen aus Physischem, sondern die Welt-Situiertheit des gesamten Bewusstseins.

Als Ergänzung hierzu analysiert Bergson Phänomene wie Sprache, Gedächtnis, Erinnerung, Traum und Wiedererkennen, und zwar stets dialektisch, stets auf Grund eines Denkens in Gegensätzen, wobei Bergson seine neue Theorie des Geistes auch an die Stelle des psychophysischen Parallelismus setzt. Engel resümiert:

„Bergsons Denken war von Grund auf dualistisch. Entmischen und trennen, neue Unterscheidungen einführen und bestehende vertiefen, darin bestand für ihn die Aufgabe der philosophischen Reflexion. Seine Philosophie war nicht erfüllt von dem Bestreben, hinter den Gegensätzen einen verborgenen Einheitsgrund zu finden und Probleme in einer endgültigen Ordnung aufzulösen. In Gegensätzen zu denken bedeutete für ihn darum auch mehr als ein bloß methodisches Vorgehen. Es war die charakteristische Haltung einer Philosophie, der es darum ging, das Unterschiedene in seiner Gegensätzlichkeit radikal zu durchdenken und bis zu jenem Punkt zu verfolgen, an dem sich die Gegensätze verflüssigten und in das bipolare Wesen einer mit sich selbst differierenden Substanz verwandelten." (S. 388)

Zum „Schluss"

In seinem „Schluss" (S. 389-400) fasst Philipp Engel die gesamte Abhandlung wie folgt zusammen:

Die im 19. Jahrhundert neu entwickelten wissenschaftlichen Methoden und Verfahren orientierten sich an einem „mechanischen Ideal der Naturerklärung", mithin am Mainstream der seinerzeitigen Naturwissenschaft (S. 389). Genau dies führte jedoch spätestens zu Beginn des 20. Jahrhunderts zu einer allgemeinen Krise des Verstehens und des Selbst-Verständnisses. Diese konnte erst überwinden werden, als es gelang, jede Wissenschaft als einen eigenen, *kulturell* vermittelten Prozess zu begreifen, in dem Subjekt und Objekt nicht mehr statisch, sondern dynamisch und dialektisch, d.h. veränderlich, relativ und in ständiger Wechselwirkung fungieren. Insbesondere Husserl, James und Bergson hätten hierzu entscheidende Beiträge geleistet.

Im Gegenzug gegen positivistische Reduktionen habe Husserl betont, dass auch Natur-wissenschaft sich in *geistigen* Leistungen manifestiert, die phänomenologischer, nicht bloß mathematischer Erklärung bedürfen. „Die Dinge wurden ... zu Koakteuren ihrer Konsti-tuierung. Voraussetzung ihrer Erkenntnis war ein >tätiges, lebendiges Beziehungseingehen< (S. 392), so dass, wie auch bei James und Bergson, die „lebenspraktischen Interessen und Konsequenzen der wissenschaftlichen Erkenntnis" die Grundlage neuer *Theorien des Geistes* bilden konnten (ebd.). Bergson situiert das wissenschaftliche Denken zunächst räumlich, revidiert dies jedoch später, um vom Begriff der eigenen, inneren „durée" aus zur „Einsicht in ein Mitdauern mit anderen zu gelangen" (S. 393).

Gut pragmatistisch unterstellt James auch den Wahrheitsbegriff der Zweckmäßigkeit und der Nützlichkeit: Wahr ist demnach, was sich als nützlich erweist – und dies sei auf die gesamte Wissenschaft übertragbar! Radikal empirisch begründet James eine Psychologie, in der alles Metaphysische (die „Seele") ausgeblendet wird. Biologische Psychologie und die Philosophie sollten sich die Aufgaben teilen, wobei die Philosophie durchaus auf Ergebnisse der Psychologie zurückgreifen konnte, während diese sich – zumal in naturwissenschaftlicher Absicht und Orientierung – nicht in die Philosophie einzumischen habe. Dabei ist auch die Psychologie *pragmatisch* ausgerichtet: Sie soll abzielen auf *„knowing how to control people"* (S. 398). „Vorhersage und Kontrolle von Bewusstseinszuständen" sei ihr vornehmstes Ziel (S. 399).

Schlussendlich beschäftigt Engel sich kurz mit der Ambition heutiger Neurowissenschaftler*innen, mit ihren Methoden, also vor allem naturwissenschaftlich, schon bald sämtliche Fragen nach dem Wesen des Bewusstseins beantworten zu können. Dabei werde, wie Engel bemerkt, nicht nur die *Geschichtlichkeit des Begriffs* Bewusstsein übersehen, sondern auch das Spezifikum der Philosophie, so dass Engel abschließend folgert:

> „Während die Lösung eines Problems in einem analytischen Wissenschaftsverständnis darin liegt, es zum Verschwinden zu bringen und seinen Gegenstand einem praktischen Zugriff zu unterwerfen, besteht die Aufgabe der philosophischen Reflexion umgekehrt darin, die für dieses Problem stehenden Begriffe so zu formulie-ren, dass sich mit ihnen auch das Problem verändert. Ein philosophisches Problem hat die Form einer unabschließbaren Frage, die man zu verschiedenen Zeiten und in unter-schiedlichen Situationen immer wieder neu und anders stellen kann. Anstatt das Problem des Bewusstseins zu lösen und zu zeigen, was es >von Natur aus< ist, geht es darum, dieses Problem zum Gegenstand einer Reflexion zu machen, aus der sich neue Formen des Denkens und Erkennens ergeben." (S. 400)

Kritische Würdigung

Die Frage nach dem Bewusstsein ist wahrscheinlich von existenzieller Bedeutung für die Zukunft der Menschheit. Schon jetzt wird immer wieder gefragt, ob eine Maschine wie z.B. ein KI-Roboter jemals in der Lage sein werde, ein dem des Menschen ähnliches Bewusstsein zu entwickeln. Diese – von Engel nicht beachtete – Frage kann zwar nicht Gegenstand dieser meiner Rezension sein, es besteht aber kein Zweifel, dass sie sich ohne adäquate Lösungen des

Problems Bewusstsein als solchem nicht beantworten lässt – und erst recht nicht nur durch Begriffs-Verschiebungen und -Veränderungen. Schon deshalb ist eine kritische Überprüfung der von Engel referierten Konzepte unabdingbar.

Eine natürliche, von Engels leider ebenfalls ignorierte *Grenze jeglicher Beschäftigung mit dem Bewusstsein* liegt in der Tatsache, dass die neuronale Kombinatorik des menschlichen Gehirns weder überschaubar noch mathematisch erfassbar ist.[1] – Ebenso viel hängt von möglichen Lösungen des *Leib-Seele-Problems* ab, die in den von Engels referierten Konzepten anscheinend nirgendwo zu finden sind. Fortschritte sind hier wohl nur möglich, wenn man die Ergebnisse der IT-Forschung bzw. der Informationstheorie berücksichtigt und mit dem Begriff Dialektik verbindet.

Von hier aus lässt sich auch das Phänomen Bewusstsein besser verstehen. Allerdings nicht, solange die Mängel, die in den von Engel zitierten Konzepten enthalten sind, nicht wenigstens annähernd geklärt sind. Wozu eigentlich umfassende Analysen dieser Konzepte – bzw. philosophischen Systeme! – erforderlich wären, was jedoch den Rahmen einer Rezension sprengt. – Nichtsdestoweniger lassen sich einige der Mängel kurz umreißen, insofern sie offenkundig sind.

zu Wilhelm Wundt

Seine Leistung besteht vor allem in seinen Neubegründungen der Psychologie. Befremdlich ist dagegen die Tatsache, dass er es für unmöglich erachtet, das Denken auch durch *Introspektion* näher zu untersuchen, weil man dabei allenfalls die Empfindungen und die Vorstellungen erfassen könne. Dem hielt schon *Karl Bühler* (1879-1963) entgegen, man könne sehr wohl auch das begriffliche und abstrakte Denken psychologisch erforschen, und zwar auf Grund spezieller Experimente.[2]

Außerdem würdigt Wundt das *Unbewusste* nicht hinreichend. Neuere, auch neurowissen-schaftliche Forschungen sind hier wesentlich ergiebiger, zumal sie Aufschluss über den Einfluss des Bewusstseins auf das Unbewusste vermitteln.[3]

---

[1] Vgl. Weisbuch 1989, S. 193
[2] Vgl. Klaus Holzkamp: *Zu Wundts Kritik an der experimentellen Erforschung des Denkens*, in: https://www.kritische-psychologie.de/files/FKP_6_Klaus_Holzkamp_1.pdf, S. 1-3
[3] Vgl. Robra 2023, S. 80 ff.

zu William James

James will das Bewusstsein als ‚stream of consciousness' und dabei auch die Fülle der Gedanken analysieren, interessiert sich aber nur relativ wenig für die Zusammenhänge zwischen Bewusstsein und Sprache. Das halte ich für bedauerlich, denn spätestens seit *Wilhelm von Humboldt* (1767-1835) ist bekannt, in welch hohem Maße das Bewusstsein durch die Sprache geprägt, geformt und getragen wird. Man denke nur an die ständig präsente Innere Sprache (‚inner speech'). – Für unzutreffend halte ich außerdem James' Behauptung, Sprachen seien „Ergebnisse", die nicht auf „präexistierenden Prinzipien" beruhen; dagegen steht u.a. die von *Lothar Wendt* aufgestellte Hypothese, dass informationelle Vorformen der Sprache schon in der ursprünglichen, naturwissenschaftlich erschließbaren *Welt-Materie* anzutreffen sind.[4]

Erkenntnistheoretisch fällt James hinter Kant zurück auf den britischen Empirismus (Hume u.a.). Was umso schwerer wiegt, als er, anders als Peirce, den Pragmatismus keineswegs nur als eine Art „Denkmethode" oder bessere Bedeutungserforschung, sondern als seriöse philosophische Theorie ansieht, die „Radikalen Empirismus" mit Rationalismus und sogar mit Religiosität verbinde. Ein hoher Anspruch, der aber ins Wanken gerät, sobald man ihn mit James' Wahrheitstheorie vergleicht, der zufolge die Wahrheit einer Sache erst mit deren „Nützlichkeit" beginnt. Tatsächlich ist diese Wahrheit aber viel früher feststellbar, und zwar dadurch, dass eine zutreffende Aussage über die Sache gemacht wird. Dagegen betrifft z.B. die korrekte Behauptung, ein Baum sei nützlich, keineswegs die Wahrheit, das Wahr-Sein, des Baumes. Denn die Wahrheitsaussage: „Dies ist ein Baum und nichts anderes." betrifft nicht dessen Nützlichkeit, sondern seine pure Existenz. Die wahrheitsgemäße Existenz-Aussage ist Voraussetzung jeglicher Wertung, sodass sich James' Nutzentheorie der Wahrheit als falsch erweist.

Logische Folge: Auch sein Theorie-Anspruch für den Pragmatismus wird hinfällig, weil sich mit einer unzutreffenden Wahrheitstheorie überhaupt keine Theorie begründen lässt. Außerdem ist Nützlichkeit allein auch kein Kriterium für Wissenschaftlichkeit. Ohne den Anspruch auf *vorläufige* Wahrheit kann es Wissenschaft ebenso wenig geben wie eine irgend denkbare Erkenntnis-Funktion und -Relevanz des Common Sense. Und wenn James einerseits behauptet, der „ethical philosopher" befinde sich „auf keinem höheren Niveau als der Common Sense", andererseits aber die Ethik sogar in den Rang einer Naturwissenschaft erheben will, so ist dies doppelt widersprüchlich; denn: 1. Wo ausschließlich der Common Sense das Sagen hat, wird

---

[4] Vgl. Wendt 1988, S. 170

Wissenschaftlichkeit nie erreicht. 2. James behauptet zwar, in der Ethik sei, wie in den Naturwissenschaften, alles nur vorläufig gültig, kann aber – mangels akzeptabler Wahrheitstheorie – nicht einmal feststellen, wie lange eine einmal gewonnene Erkenntnis tatsächlich ihre Gültigkeit behält bzw. behalten hat.

Ohne Wissenschaftlichkeit kann es jedoch keine Ethik geben. Und die Möglichkeit, diesen eklatanten Mangel eventuell durch einen Rückgriff auf Kants exemplarische Grundlegung wettzumachen, verbaut James sich selbst endgültig dadurch, dass er ethische Imperative pauschal als „tyrannical demands" abqualifiziert.[5]

zu Edmund Husserl

Schwer verständlich ist insbesondere sein Konzept „Epoché". Kaum nachvollziehbar scheint, wie Husserl damit „zu den Sachen selbst" vordringen will, um die *Objekte als Objekte* zu erkennen. Denn dazu blendet er sowohl die natürliche Einstellung der (Sach-)Wahrnehmung als auch alle bisherigen Forschungsergebnisse und philosophischen Einsichten zum Subjekt-Objekt-Bezug aus, und zwar unter Rückgriff auf „die vor- und außerwissenschaftliche Lebenswelt", in der er eine „reine Subjektivität" und das „reine Bewusstsein" ausmachen will, um sodann durch „Wesenserschauung" zu den „Sachen selbst" zu gelangen. – Mein Kommentar: Wesens-Ermittlung, z.B. von charakteristischen Merkmalen und Eigenschaften, scheint durchaus möglich zu sein, allerdings nicht mit der Garantie eindeutiger Ergebnisse. Denn auch und gerade in der Lebenswelt gibt es individuell unterschiedliches Vorwissen, unterschiedliche Erfahrungen und Herangehensweisen. Expertinnen und Experten erkennen an bestimmten Gegenständen möglicherweise mehr und Anderes als Nicht-Fachleute, Wissenschaftler*innen und Philosophen*innen Anderes als die Laien.

Unklar bleibt auch, was für ein „Ego" Husserl meint, wenn er einerseits vom Ich als „Akteur der Epoché" und andererseits vom „Ur-Ich" oder „transzendentalem" oder „absolutem" Ego spricht, das sich gleichwohl „in seinen unsagbar verschlungenen Geltungsfunktionen" auskennen soll.[6] *Walter Schulz* setzt hier seine scharfe Kritik an. Husserls Ich sei eigentümlich „weltlos", zerspalte sich aber in „beobachtendes und beobachtetes Ich", um schließlich doch vom Subjektivismus in den Objektivismus überzugehen. Damit erhebe Husserl sich faktisch über sich selber und erliege dabei einer Art von *Bewusstseinsspaltung*, zumal unklar bleibt, wie das „Eidos ego" (auf das „ich herabschaue"!) überhaupt als „Inbegriff aller Ichmöglich-keiten"

---

[5] Vgl. Robra 2017, S. 64 f.
[6] Vgl. Schulz 1972, S. 287

verstehbar sein soll (vgl. Schulz a.a.O. S. 289 f.). Was praktisch einem *Ichverlust* gleichkommt, wozu Walter Schulz feststellt:

> „ … der Rückzug in das Innere als Einstieg in die reine Wesensdimension gewährt gerade keinen Halt. Er eröffnet nicht nur unendliche Aufgaben, deren endgültige Bewältigung gar nicht möglich ist, sondern er vollzieht sich faktisch als *Ichverlust*. Der Philosoph hat sich in *transzendentaler Schizophrenie* gespalten und ist bloß Beobachter von Erlebnissen geworden, die sich gleichsam verselbständigt haben. In Husserls Innenschau wiederholt sich auf wissenschaftlichem Niveau die Stufe der Innerlichkeit, die Kierkegaard als ästhetisches Dasein gekennzeichnet hat, denn in beiden Fällen ist das Innere eine Bühne, auf der sich das Bewußtseinsleben in sich selbst abspielt. Die Gedanken beginnen, ein eigenes Leben zu führen, dessen Ordnungen ein nur zu konstatierender Verweisungszusammenhang ist, der nicht vom Ich selbst in bewußter Aktivität gestaltet wird." (a.a.O. S. 290)

zu Henri Bergson

Wenn Bergson Kant für den angeblichen Niedergang der Philosophie im 19. Jahrhundert verantwortlich macht, verkennt er die Tatsache, dass von Kants Werk zahlreiche *positive* Impulse ausgegangen sind, die bis heute fortwirken, so vor allem auf den Gebieten von Ethik, Anthropologie und Erkenntnistheorie. Unzutreffend ist die Behauptung, Kant habe die Zeit verräumlicht. In Wirklichkeit bemüht er sich, so im Kapitel „Transzendentale Ästhetik" der *Kritik der reinen Vernunft* (1781/87), die Zeit immanent, also *aus sich* zu verstehen, und zwar als Grundlage *sämtlicher* Erscheinungen, also auch der räumlichen. Für Kant ist die Zeit „eine notwendige Vorstellung, die allen Anschauungen zum Grunde liegt" (a.a.O. § 4). Während die Erscheinungen im Raum nebeneinander auftreten, verlaufe die Zeit aufeinanderfolgend, also im *Nacheinander*.

Wenig einleuchtend ist dagegen Bergsons Zeitbegriff, mit dem er völlig auf die individuelle „durée", die „innere Dauer" abhebt, in der es, da sie von der jeweiligen Befindlichkeit der Person abhängt, keine echte Konstanz, wohl aber, ähnlich wie bei James, einen kontinuierlich-veränderlichen „Strom" gibt.

Mit dieser Auffassung ist Bergson schon in den frühen 1920er Jahren mit Einsteins objektiver *Raumzeit* in Konflikt geraten. Ein Kompromiss kam nicht zustande. Beide Kontrahenten beharrten auf ihren gegensätzlichen Standpunkten.[7]

„Erkenntnistheoretisch" will Bergson die „unmittelbaren Gegebenheiten des Bewusstseins" erfassen. Tatsächlich aber will er dabei auf jegliche Theorie verzichten und stattdessen schon vom Körperlichen her zu den „unmittelbaren Gegebenheiten" vordringen. Solchen Theorie-Verzicht leistet Bergson in seiner „Lebensphilosophie" (inklusive dem „élan vital") allenthalben. Was ihm heftige Kritik, so vor allem von Marxisten wie *Max Horkheimer* und *Ernst Bloch,* eintrug. In einem Artikel des Jahres 1933 stellte Horkheimer fest, Bergson habe Verrat an der Wissenschaft begangen, und zwar schon deswegen, weil er die Theorie zu Gunsten der sogenannten „reinen Gegebenheiten" vernachlässigt habe. Damit habe er „die Wissenschaft völlig um ihre aufklärende Wirkung" gebracht.[8]

Noch deutlicher und heftiger fällt die von Ernst Bloch geübte Kritik aus. Sie entzündet sich u.a. an Bergsons Auffassung der Zeit als „reine unmittelbare Dauer", wodurch ignoriert werde, dass die Zeit – als eine Aufeinanderfolge von diskontinuierlichen Jetzt-Zuständen – fließe, „indem sie stets augenblickhaft pocht".[9] Dagegen fehle bei Bergson jede Art von zeit-lich-räumlicher Zielgerichtetheit (Entelechie), so dass auch sein angebliches „Novum" zu keiner wirklichen Veränderung führe, auch nicht im „Elan vital":

> „Der Elan vital Bergsons ist eine >immer von neuem, wie etwa in einer Kurve, einsetzende Richtungsänderung<; die sogenannte Intuition setzt sich in dies bewegend Überraschende hinein, ohne jedoch vor lauter schlechter Unendlichkeit und unablässiger Veränderung das Novum je als ein wirkliches anzutreffen; – wo alles immer wieder neu sein soll, bleibt ebenso alles beim alten. Darum ist auch an Bergsons Überraschungsstrom in Wahrheit alles verabredet und zur Formel erstarrt, zu jenem selber toten Gegensatz zur Wiederholung, der das Neue zu bloß ewigem, inhaltslosem Zickzack herabsetzt, zu jenem absolut gemachten Zufall, an dem weder Geburt noch Sprengung noch eine inhaltlich fruchtbare Überschreitung des bisher Gewordenen statthat. Bergson wendet sich gegen einen Prozeßgedanken mit Ziel, aber wendet sich nicht dagegen, weil das Ziel bereits vereinbart wäre, so daß der genannte Prozeß – auf

---

[7] Vgl. *Bergson versus Einstein, une dispute temporelle qui dure,* in:
https://www.radiofrance.fr/franceculture/bergson-versus-einstein-un...
[8] Horkheimer, in: Jean-Baptiste Vuillerod: *Bergson lu par Horkheimer. La philosophie de la vie aux sources de la Théorie critique,* in: https://journals.openedition.org/rg/6584?lang=de, Absatz 21
[9] Bloch 1977, S. 101

höchstem Niveau – fast wie Schiebung aussieht, sondern er eliminiert alles und jedes Voran, Wohin und offen betreibbare Ziel überhaupt."[10]

Darin aber offenbare sich – verstärkt durch die „Intuition" – vor allem die übliche bourgeoise Abkehr vom Materialismus:

„Die Materie ist ihm ein für allemal die mechanische, das >Leben< ist ein begriffs-mechanisches Fixum par excellence, mit unwandelbarer Wandelbarkeit, ewig verding-lichter Entdinglichung. Vor allem aber ist das Neue (da Bergson ihm die Materie ent-zieht und eine dialektische nicht einmal dem Namen nach kennt) nirgends wirklich neu, nämlich inhaltlich; es bleibt eine rasende Einöde."[11]

zu Engels „Schluss"-Folgerungen

Der Begriff Bewusstsein hat historischen Charakter, wie Engel in seinem „Schluss" (S. 400) zu Recht betont. Die Referenz-Objekte dieses Begriffes sind aber Menschen aus Fleisch und Blut, mitsamt den von ihnen gebildeten Gesellschaften und Kulturkreisen. Wenn Philosophen und Philosophinnen den Begriff Bewusstsein neu denken, betrifft dies die konkreten Menschen zumindest indirekt. Demgegenüber eher nebensächlich scheint die Einsicht, dass ein philosophisches Problem „die Form einer unabschließbaren Frage" (ebd.) hat. Zumal Philosophieren nicht nur in der Handhabung und eventuellen Neubildung von Begriffen besteht, sondern auch im Urteilen und Folgern, logischem Denken überhaupt, so dass dabei nicht nur, wie Engel meint, Veränderungen der Probleme, sondern auch Möglichkeiten, sie zu lösen, vorgeschlagen werden.

Umso gravierender sind die Mängel, die sich an den von Engel referierten Konzepten seiner „Kronzeugen", insbesondere denjenigen von James, Husserl und Bergson, feststellen lassen. So dass die alternative Begründung einer Bewusstseins-Philosophie unbedingt erforderlich ist (s. Robra 2023).

---

[10] Bloch 1959, S. 159
[11] Bloch 1985, S. 282

Literaturhinweise

Bloch, Ernst 1959: *Das Prinzip Hoffnung*, Frankfurt a.M.

Bloch, Ernst 1977: *Experimentum Mundi. Frage, Kategorien des Herausbringens, Praxis*, Frankfurt a.M.

Bloch Ernst 1985: *Das Materialismusproblem, seine Geschichte und Substanz*, Frankfurt a.M.

Robra, Klaus 2017: *Person und Materie. Vom Pragmatismus zum Demokratischen Öko-Sozialismus*, München

Robra, Klaus 2023: *Was kann das Unbewusste bedeuten? Ein alternativer Lösungsversuch*, München, https://www.grin.com/document/1418328

Schulz, Walter 1972: *Philosophie in der veränderten Welt*, Pfullingen

Weisbuch, Gérard 1989: *Dynamique des systèmes complexes*, Paris

Wendt, Lothar 1988: *Das physikalisch-teleologische Weltbild*, Bd. II, Heidelberg

BEI GRIN MACHT SICH IHR WISSEN BEZAHLT

- Wir veröffentlichen Ihre Hausarbeit,
  Bachelor- und Masterarbeit

- Ihr eigenes eBook und Buch -
  weltweit in allen wichtigen Shops

- Verdienen Sie an jedem Verkauf

Jetzt bei www.GRIN.com hochladen und kostenlos publizieren